MW01250820

Sophia Loren

Tazio Secchiaroli

Sophia Loren

A cura di Giovanna Bertelli

con una conversazione con Sophia Loren

Rizzoli libri illustrati

Art director
Marcello Francone

Coordinamento editoriale
Caterina Giavotto

Redazione
Giovanna Vitali

Progetto grafico
Antonietta Pietrobon

Finito di stampare
nel mese di luglio 2003
a cura di Rizzoli libri illustrati,
Gruppo Skira, Ginevra-Milano
Printed in Italy

www.skira.net

Ho frequentato la casa della famiglia Ponti negli anni della mia infanzia, una splendida villa settecentesca sulla via dei Laghi, appena fuori Roma. Ho vissuto insieme a Carlo Ponti jr. mio amico e coetaneo, il fratello Edoardo e la mamma Sophia le estati più belle della mia vita di bambino. Adesso che ho 35 anni alcune immagini di quei giorni ricorrono alla mia mente come ricorrono i sogni. In un parco con dei cedri del Libano altissimi, un cavallo bianco libero brucava l'erba del prato all'inglese. Le stanze affrescate mi apparivano luoghi pieni di magia e di mistero.

Carlo Ponti Senior, il produttore, diceva che se lui non avesse fatto il cinema, avrebbe volentieri fatto l'architetto: le case, i giardini che fece realizzare sono la chiara dimostrazione di questo suo particolare talento; collezionava rose provenienti da tutto il mondo per il suo fantastico roseto. Il giardino all'italiana che faceva visitare ad ambasciatori, attori e a ricchi produttori americani, milionari che rimanevano a bocca aperta di fronte a ciò che loro non avrebbero mai potuto possedere: il buon gusto e la raffinatezza.

Un giorno mi trovai davanti Liz Taylor e Richard Burton. Un'altra volta, giocando – avrò avuto sette anni – mi misi in testa un grandissimo sombrero messicano tutto colorato; parevo un grosso fungo-bambino. Un signore mi scattò una Polaroid. Mio padre mi spiegò più tardi che quel signore era Oskar Kokoshka, il pittore, che prendeva "appunti visivi"…

Sophia ebbe per me solamente amore e tenerezza; non mi fece mai sentire la differenza che c'era tra me e i suoi figli. Certe notti ancora sogno lei, il suo dolcissimo profumo; la musica della sua voce e delle sue risate sono rimaste dentro di me indelebili.

Mio padre l'ha saputa raccontare con professionalità, talento, e soprattutto con amore.
A mia madre Rossana

David Secchiaroli

Conversazione con Sophia Loren

Giovanna Bertelli *Signora Loren, come mai ha scelto, tra i tanti fotografi per cui posava, Strizzi, Pierluigi, Tursi, proprio Tazio Secchiaroli?*

Sophia Loren Scelsi Tazio perché me lo propose Marcello [Mastroianni] che lo conosceva bene e io accettai di provare a farlo lavorare. Io lavoravo con molti altri grandi fotografi, soprattutto Praturlon e poi, man mano, vedendo Tazio sul set mi resi conto che faceva veramente bene quello che faceva e soprattutto con passione e mi sono appassionata al suo lavoro. Da allora non ci siamo più lasciati. Lavoravamo sempre insieme, ma non parlavamo mai di lavoro. Con lui era un divertimento, era bello, una bella relazione, non sembrava proprio di lavorare.

Aveva un gusto particolare per la luce e insieme cercavamo i posti migliori per fare le fotografie. A quei tempi non si portavano luci in esterni, ed era quindi fondamentale la scelta della luce naturale.

Divenne il mio fotografo personale per oltre vent'anni perché era bravo professionalmente e unico umanamente, una relazione unica e particolare, un'amicizia sincera.

G.B. *Avete passato insieme periodi anche molto lunghi con viaggi in ogni parte del mondo. Come vivevate queste lunghe produzioni?*

S.L. Io portavo il mio fotografo personale ovunque si lavorava. Durante le pause sul set a volte cercava un angolo tranquillo dove dormire e io mi divertivo a fotografarlo di nascosto. A casa ho molte fotografie di Tazio che dorme. E poi parlavamo tantissimo. Parlavamo di tante cose. E ridevamo molto, Tazio era molto ironico e con un carattere meraviglioso. Lui mi raccontava della sua vita personale, o degli anni da paparazzo, periodo della sua vita che io non conoscevo. Altre volte mi parlava di Fellini o giocavamo a poker. Era il periodo in cui avevo scoperto questo gioco e mi divertiva molto. Vincevo sempre, ma solo perché ero molto fortunata. A volte, durante una partita, entrava nel mio camerino De Sica e diceva: "Io punto su Sophia", anche non sapendo come stesse andando la partita era sicuro di vincere, ma io ero solo molto fortunata.

G.B. *E fuori dal set, come fotografo della sua vita privata?*
S.L. Tazio era parte della mia famiglia e della mia vita. Eravamo sempre insieme, a casa e sul lavoro. I nostri figli crescevano insieme, soprattutto suo figlio David. Passavamo le vacanze insieme. Era una persona di famiglia. In lui avevo piena fiducia e mi sentivo completamente a mio agio sia nell'amicizia che nel lavoro. Era il mio fotografo personale, in ogni momento della mia vita, ma non era mai invadente, avere lui e David in casa era assolutamente normale, parlavamo, ridevamo, vivevamo insieme. La sua sensibilità era unica e il bene che gli volevo era unico. La sua era un'amicizia meravigliosa.

G.B. *Come sceglievate le fotografie da diffondere alla stampa?*
S.L. Le sceglievo tutte io, da sola. E mai, mai, non una sola volta, abbiamo dovuto discutere su una fotografia. Tazio accettava le mie scelte senza mai discuterle, aveva un grande rispetto per me, tanto che mi diede sempre del Lei, e non abbiamo mai, mai, mai discusso o litigato. C'era tra di noi una grande intesa.

G.B. *Nei vent'anni passati insieme a Tazio Secchiaroli molti altri fotografi hanno continuato a fotografarla. Vi è mai stata da parte di Secchiaroli una punta di gelosia o di preoccupazione per il suo ruolo di fotografo personale?*
S.L. Tazio era il mio fotografo personale e qualsiasi altro fotografo mi ritraesse il suo

10

ruolo è sempre stato fuori discussione. Tazio era il mio fotografo e per me era unico e insostituibile. Era una persona e un fotografo meraviglioso. Non poteva esserci altra persona in cui potessi riporre tutta la mia fiducia. Anche quando mi fotografò Richard Avedon telefonai io stessa al suo studio per chiedere che vi fosse anche lui. Ricordo che proprio in questa occasione mi fece un bellissimo servizio fotografico.

G.B. *C'è una fotografia fattale da Tazio Secchiaroli a cui è particolarmente legata?*
S.L. Sì. La fece durante la lavorazione del film *Arabesque*. È una fotografia di cui ho una stampa in grande formato che tengo nel mio ranch in America. Ritrae me e Carlo Ponti stanchi e abbracciati durante una pausa sul set. È per me una fotografia ricca di significati ed emozioni.

G.B. *Considerava Tazio Secchiaroli un artista?*
S.L. Sì, indubbiamente. Ma non bisognava dirglielo! Tazio non voleva assolutamente essere visto come un artista, perché lo imbarazzava, era una persona molto discreta… preferiva essere considerato un bravo fotografo. Ma era un artista. Per me era un artista e un fotografo meraviglioso che ho avuto la fortuna di incontrare attraverso Marcello. Io continuai a cercarlo anche quando smise di fotografare. Con la sua morte se ne è andato un pezzo di me e dei miei ricordi.

Giovanna Bertelli

Sophia Loren
e Tazio Secchiaroli

Tazio Secchiaroli e Sophia Loren sono stati per circa vent'anni una coppia di ferro del cinema italiano, divisi solamente dalla lente di un obiettivo fotografico. Lei, la diva Sophia, disposta a farsi ritrarre in mille occasioni e su decine di set cinematografici, lui, l'occhio magico da fotografo, pronto a non perdere un'espressione di quel volto e di quel corpo. Occorsero anni prima che le loro vite si incontrassero.

Lei, Sofia Scicolone, cresciuta a Pozzuoli, da piccola aveva conosciuto la guerra e la liberazione di Napoli da parte dell'esercito angloamericano. Aveva una madre che sperava per Sofia un futuro migliore di quello che era stato riservato a lei, che in gioventù aveva coltivato il desiderio di diventare attrice. Sofia non era solo spinta dalla madre, aveva lei stessa forza di volontà e volontà di affermazione, ambizione, determinazione, carattere e temperamento, oltre a una bellezza particolare e affascinante.

Cominciò presto a lavorare e il suo unico scopo, fin dall'inizio, era diventare attrice cinematografica. A 16 anni, col nome di Sofia Lazzaro, già aveva qualche scatto sui fotoromanzi e riusciva a fare la comparsa in alcuni film girati a Cinecittà (*Quo vadis?, Luci del Varietà, Tototarzan*, per citarne solo alcuni).

Le bastarono 2-3 anni per trasformarsi in Sophia Loren, il desiderio in celluloide degli italiani, ed essere riconosciuta da tutti per la sua avvenenza. Da allora produttori, registi e sceneggiatori pensano copioni che si adattino a lei, dandole via via più spazio all'interno dei film. Carlo Ponti, il produttore che diventerà in seguito suo marito, la propone ai registi con convinzione e a poco più di vent'anni è già famosa.

Sophia Loren diventa un'attrice internazionale, lavora ed è diretta da inglesi, americani, francesi. Sigla un contratto pluriennale con la Paramount, recita con Cary Grant, Clark Gable, Anthony Quinn.

Da questo momento gli italiani, e non solo loro, si appassionano alla vita di Sophia Loren dentro e fuori dal set, i giornali illustrati non mancano di dare notizie sulla nuova diva italiana, sui film, i progetti, la vita, i critici cinematografici l'apprezzano più per la bellezza che per la recitazione, ma lei dimostra di essere anche una brava attrice quando a dirigerla c'è Vittorio De Sica.

Nel 1961 vince il premio Oscar come migliore attrice protagonista per *La Ciociara* e questo la consacra nell'Olimpo del cinema internazionale. D'ora in poi sarà diva incontrastata, i suoi ruoli saranno sempre da prima attrice e si adatteranno ai mutamenti della società e della vita. Lavora con i più noti registi e attori, tra cui Charlie Chaplin, Jean Ga-

bin, Paul Newman, Peter Ustinov, Ettore Scola, Mario Monicelli, Dino Risi, Gregory Peck, e infinite volte con Marcello Mastroianni.

È l'icona del cinema italiano nel mondo, e tale rimane fino a tutt'oggi, il tempo e le mode non influiscono sulla sua fama, anzi la accrescono con il passare degli anni.

Anche Tazio Secchiaroli nasce in una famiglia non agiata, a Roma, e presto rimane orfano di padre. Ragazzo conosce la guerra e la liberazione di Roma, si arrangia in mille modi e con tanti lavori per aiutare la famiglia. Per un certo periodo è anche fattorino a Cinecittà, prima che gli stabilimenti vengano requisiti per dare accoglienza agli sfollati della guerra. Anche lui ha una passione: la fotografia. Nella Roma liberata del 1944 inizia a fare lo scattino, il fotografo di strada che ferma i turisti (in quegli anni più che altro i soldati americani in libera uscita) per una foto ricordo.

Tazio Secchiaroli è un ragazzo intelligente, ambizioso, determinato, istintivamente simpatico, con una certa aria da bravo ragazzo un po' timido, con una grande voglia di imparare e migliorarsi costantemente, curioso del mondo che lo circonda e instancabile.

La fotografia lo affascina, i fotografi lo affascinano, vuole assolutamente far parte di questo mondo che comincia a conoscere passando le giornate in strada come fotografo ambulante. Inizia a collaborare, più come factotum che altro, con l'agenzia International News Service, e poi con la mitica V.E.D.O. (Visioni Editoriali Diffuse Ovunque) di Porry Pastorel, l'agenzia fotografica italiana più nota e di più antica fondazione. Ascoltando e imparando dai professionisti più esperti e dall'ormai vecchio Alfredo Porry Pastorel diventa un fotografo della cronaca romana e pian piano la sua fama, almeno tra gli addetti ai lavori, cresce.

Tazio era giovane, rapido, sempre disponibile e di buon carattere. Considerava la persona da fotografare una preda e la fotografia un trofeo. Studiava i tempi dei suoi soggetti, sopportava le lunghe attese e infine premeva il bottone della macchina fotografica come fosse un grilletto. Da questi attimi fermati sulla pellicola nascevano gli scoop che riempirono i giornali di quegli anni: il caso Sotgiu, il caso Montesi solo per citare i più famosi. Erano scandali che facevano cadere governi e appassionare gli italiani, gli stessi italiani che, sfogliando i giornali, dopo il servizio sul caso Montesi, ne trovavano un altro con Sophia Loren protagonista della *Donna del fiume*.

Il cinema italiano in quegli anni godeva momenti di gloria e anche le produzioni straniere venivano a girare negli studi di Cinecittà, perché le maestranze erano ottime e a buon prezzo, perché l'Italia piaceva al pubblico americano e gli attori americani volevano farsi conoscere in Italia, dove consideravano la vita molto piacevole e "pittoresca" e soprattutto per una precisa politica statunitense volta all'esportazione dei modelli di comportamento americani.

La vita notturna delle star d'oltreoceano impegnate a Roma si consumava soprattutto in via Veneto, lì dove erano i grandi alberghi e i bar più rinomati e dove la notte sembrava non dovesse mai finire. Grazie anche alla presenza dell'ambasciata degli Stati Uniti d'America, via Veneto sembrava un'enclave statunitense nel cuore di Roma.

Si era nella seconda metà degli anni Cinquanta, Tazio Secchiaroli era un fotografo professionista ormai da diversi anni e aveva fondato una propria agenzia di fotocronaca: la Roma Press Photo. Le star americane, viste come degli ufo giunti dal pianeta USA, erano una ghiottissima preda per lui come per altri fotografi. I giornali davano soldi a palate per avere l'esclusiva delle movimentate notti romane fuori dal set. Non era più un film o una serata di beneficenza, ma il dorato, e per i benpensanti italiani peccaminoso, dopo-lavoro delle star, non più avvolte dal mistero della fantasia cinematografica o dal glamour del loro mondo lontano. Gli attori venivano così fatti cadere dal loro olimpo di celluloide e proposti in una realtà, quella delle notti romane, facilmente identificabile.

Questa era vera caccia per Tazio Secchiaroli e sue sono le immagini più celebri di quel periodo. Qualche volta non mancò di stuzzicare o stanare la sua preda e sempre riportò in agenzia un ricco bottino che la mattina dopo veniva immancabilmente venduto ai giornali da Sergio Spinelli, suo socio e co-fondatore della Roma Press Photo. Spinelli, addetto alle vendite, di primo mattino faceva il giro delle redazioni romane e spediva i servizi fotografici a Milano, mentre Secchiaroli, dopo una notte di inseguimenti e fotografie, andava a dormire.

L'instancabilità notturna di Secchiaroli si rivelò preziosa in via Veneto; infatti, quando i suoi potenziali concorrenti-colleghi prendevano la via di casa sbadigliando, lui manteneva un'attenzione continua alla ricerca della foto-notizia. Proprio questa "insonnia", unita a un'incredibile freddezza mantenuta nei momenti più critici grazie anche a una precisa visione della dinamica degli avvenimenti, furono in quel periodo, come raccontava Secchiaroli stesso, le qualità del fotografo d'assalto.

La sua fama così andò oltre la cerchia professionale dei fotografi e delle redazioni, il suo nome si diffuse anche sulle bocche della gente del cinema, non sempre con molto affetto!

Il fotografo d'assalto, poco più tardi battezzato da Federico Fellini "paparazzo" nel film *La dolce vita*, era visto da molti come qualcuno da cui difendersi con ogni mezzo.

A distanza di molti anni queste fotografie si sono trasformate da scatto di cronaca mondana a documento di un'epoca, diventando la testimonianza visiva di quel periodo. I pochi anni trascorsi la notte in via Veneto saranno quelli che più influiranno sulla vita, non solo professionale, di Tazio Secchiaroli.

Non era solo rapido, era anche bravo, e di questo se ne accorse in un primo tempo Federico Fellini che lo incontrò inizialmente per avere degli spunti per la sceneggiatura della *Dolce vita* e che lo volle accanto a sé durante la lavorazione dei suoi film. In seguito anche altri attori e registi lo chiamarono a lavorare con loro o a farsi ritrarre perché di ognuno fermava l'attimo più vero e meno stereotipato.

Tazio Secchiaroli cominciò così a frequentare Cinecittà come autore di "special" fotografici per i giornali.

Se prima il fotografo era visto da regista e attori un po' come un impiccio che bisognava sopportare (in pratica era colui che fotografava la scena così come la macchina da presa la stava riprendendo) ora avevano un paparazzo in libera circolazione proprio nel loro territorio. Poteva apparire rischioso, ma così non era. Quello che lasciava impresso sulle sue pellicole era il vero cinema, fatto non solo dagli attori, ma anche da tutto quel mondo che si muove dietro la scena.

Sempre con la massima discrezione, preoccupato di fare essenzialmente una bella fotografia, ora che aveva anche il tempo per valutare prima di scattare, immortalava la vita del cinema. Si aggirava silenzioso come un gatto aspettando e cercando l'inquadratura migliore, la luce più adatta.

Davanti al suo obiettivo si fermavano, oltre a Federico Fellini e i suoi attori, Silvana Mangano, Claudia Cardinale, Pier Paolo Pasolini…

Tra gli attori fotografati da Tazio Secchiaroli c'era anche Marcello Mastroianni, che aveva conosciuto sui set di Federico Fellini e con cui aveva stretto un buon legame. Fu proprio Mastroianni a dare al fotografo l'opportunità di entrare in contatto con Sophia Loren. Nel 1964 iniziano le riprese di *Matrimonio all'italiana*, il film di Vittorio De Sica con la coppia d'oro del cinema italiano, Sophia Loren e Marcello Mastroianni.

Tazio Secchiaroli ha la possibilità di stare sul set insieme a un altro fotografo, Pierluigi Praturlon, e non si lascia sfuggire l'occasione di immortalare il premio Oscar.

A un certo punto della lavorazione consegna a Marcello Mastroianni, sapendo che le avrebbe viste insieme a Sophia Loren, una serie di fotografie dell'attore, non mancando di mettere anche alcuni ritratti fatti all'attrice.

Sophia Loren, ormai diva e avvezza a vedersi ritratta da tanti fotografi, rimane colpita dalle fotografie di Secchiaroli tanto da chiamarlo per complimentarsi e invitarlo a rimanere sul set per fotografare anche lei.

Alla fine della lavorazione del film, Sophia Loren fu così entusiasta da andare oltre i complimenti e dire apertamente a Tazio Secchiaroli che non era solo un bravo fotografo, ma un vero artista e, malgrado non ammettesse che nessuno arrivasse sul set dopo di lei, concesse il grande privilegio a Tazio Secchiaroli. Questa prima intesa sarà alla base di un rapporto via via sempre più stretto e personale facendo di Tazio Secchiaroli e Sophia Loren una coppia vincente nel cinema e nella fotografia.

Per parte sua Tazio Secchiaroli era felicissimo di essere entrato nelle grazie della Diva e cercò sempre di non deluderla. Inizialmente la seguiva solo sul set, ma in un breve volgere di tempo cominciò a riprenderla anche nella sua vita pubblica fuori dal set, durante presentazioni, interviste, incontri e nella sua vita privata.

Sophia Loren aprì letteralmente le porte della sua vita a Tazio Secchiaroli, forse l'unico uomo a cui lo concesse oltre che al marito Carlo Ponti e lo volle sempre accanto a sé, anche nei momenti più privati, anche quando paradossalmente non c'era bisogno di un fotografo professionista al suo fianco.

Secchiaroli divenne il suo biografo visivo ufficiale: le fotografie più personali, con Carlo Ponti, sia in casa che durante le pause sul set, con i suoi figli a lungo desiderati Carlo jr. ed Edoardo, nelle sue case, con i suoi ospiti, sempre, con discrezione, Secchiaroli era lì, pronto a ritrarre la situazione allorché si faceva più bella, con la luce e la composizione migliore, senza mai essere invadente, senza mai impartire disposizioni, lasciando che la vita della diva scorresse davanti al suo obiettivo come davanti a uno specchio.

E questo era Tazio Secchiaroli per Sophia Loren: il suo specchio. In lui si guardava e si riconosceva; perché la particolarità di Tazio Secchiaroli che Sophia Loren non aveva trovato negli altri che l'avevano fotografata prima, era che lui andava oltre la sua bellezza fisica, riusciva a cogliere la sua personalità, senza mai cadere nel voyeuristico o nella banalità. Andava oltre la Diva, cogliendo la sua essenza di donna.

Tazio Secchiaroli non cercava di mettere in risalto le sue famose curve, ma i suoi gesti e i suoi sguardi, e lo fece incessantemente trascorrendo con lei vent'anni e cogliendone ogni cambiamento, ogni sfumatura.

Sophia Loren era l'Oscar italiano, la compagna, e di lì a poco moglie, del produttore Carlo Ponti, e poi una madre. Non aveva più bisogno di attirare l'attenzione su di sé grazie alla sua avvenenza, voleva e doveva essere riconosciuta come grande attrice e signora dello schermo.

Tazio Secchiaroli era in grado di darle questo: eleganza e personalità. Il suo occhio curioso e sempre attento, trasmetteva l'emozione della fotografia al fotografato e predisponeva così la Loren a offrirsi al suo obiettivo nel modo migliore e più naturale, a non essere mai in imbarazzo, a non preoccuparsi dei tanti scatti "rubati" in un momento.

Sophia Loren ricorda che uno dei pregi di Secchiaroli era la sua totale discrezione; non assillava, non richiedeva, non si imponeva: aspettava l'inquadratura giusta.

Tra Tazio Secchiaroli e Sophia Loren si creò una vera e propria complicità, d'altronde per Sophia Loren cosa c'era di meglio se non di avere al suo fianco un fotografo che sapesse raccontare al mondo la sua vita! Lei che si era sempre occupata della sua immagine, che aveva costruito la sua carriera anche con notizie sulla sua vita privata saggiamente dosate alla stampa, i concorsi di bellezza, le difficoltà degli inizi, la relazione con Carlo Ponti – un vero scandalo per l'epoca –, fu in grado di pianificare con il suo biografo visivo, fotografo personale, le notizie da dare alla stampa e la forma e i tempi in cui offrirle.

Alcune volte apriva le porte della sua residenza fuori Marino alle pagine dei rotocalchi mostrando la vita felice di una diva nella sua tenuta, una villa con venti ettari di parco, con piscina, vigneti e roseti, tra le grandi stanze arredate sfarzosamente e alle cui pareti erano in bella mostra opere d'arte degne di un grande museo, nella sala proiezioni (un piccolo cinema personale dalle grandi poltrone bianche), a passeggio tra i viali del parco, mentre giocava con i figli, scherzava con la sorella, sorrideva a Carlo Ponti. Questa era l'immagine della sua vita privata di moglie e madre.

Altre volte offriva scoop, immagini rubate, ma che rubate non erano affatto, in realtà tutte concordate con Tazio Secchiaroli che le faceva un po' sfocate, incerte, con enormi teleobiettivi per poi venderle ai rotocalchi assetati di notizie, lei dietro la finestra della clinica ginevrina in attesa di Carlo jr., in piscina, per le strade di Marino ancora turbata alla notizia di un tentato rapimento. Ma tutto era già stato predisposto e visto da lei che autorizzava Secchiaroli alla diffusione.

Non era e non è certo una novità che il vero potere che ha un personaggio pubblico si misura con le sue capacità di controllare e indirizzare le informazioni alla stampa. In realtà nulla è occasionale e tanto meno casuale, ma spesso accuratamente pianificato dai press-agent della star di turno.

Il dove, inteso come testata giornalistica, e il come, cioè in quale situazione pubblica o privata, sono spesso elementi fondamentali di cui ogni personaggio si preoccupa. Quanto si ha bisogno di apparire agli inizi corrisponde a una volontà di rispetto e mistero che si impone spesso nei casi dei personaggi più noti, che tendono a sfuggire a gossip e fotografie rendendo ancora più preziosi i saltuari scoop pubblicati.

Sophia Loren aveva amministrato tutto questo con saggezza e oculatezza sin dagli esordi e in Tazio Secchiaroli aveva trovato un complice perfetto. Insieme e probabilmente con grande ironia e divertimento, architettavano le notizie sulla vita privata dell'attrice, preparavano il servizio e lo davano ai propri agenti perché lo proponessero alle varie redazioni che ben accettavano di pubblicarli sapendo quante copie in più del giornale si sarebbero vendute con uno scoop su Sophia Loren.

L'attrice posava per Tazio Secchiaroli anche per servizi di moda pubblicati dai giornali femminili, indossando cappelli, parrucche, abiti, con fare ironico e disinvolto, quasi fosse un gioco, un travestimento da bambini.

E ovviamente il cinema, davanti alla macchina da presa, durante i preparativi, le pause, le prove, ovunque girasse un film, uno spot pubblicitario, un'intervista.

Altri grandi fotografi venivano mandati da tutto il mondo per un servizio su Sophia Loren, ma anche in questi casi l'attrice voleva che la seguisse Tazio Secchiaroli. Accadde anche quando a Roma posò per il fotografo Richard Avedon. Secchiaroli, con la sua istintiva ironia, non mancò di essere fotografo di set e di guardare Sophia Loren attraverso le lenti di Avedon scattando così una delle sue fotografie più celebri.

Tutte le immagini, nessuna esclusa, passavano sempre e comunque al vaglio di Sophia Loren che le guardava e commentava con Secchiaroli, non mancando di segnare le immagini che non voleva venissero diffuse – ben poche rispetto alla quantità di fotografie visionate. In questi casi, se si trattava di una stampa in bianco e nero, ne strappava un angolo: era questo il segnale del no, che invece apponeva a penna sul telaio dei fotocolor.

Le fotografie scartate non venivano diffuse alla stampa, ma Sophia Loren, avendo un grande rispetto per il lavoro di Secchiaroli, unito a una profonda amicizia e stima, non ne

chiedeva i negativi, né li rovinava indelebilmente, lasciando sempre che andassero comunque a far parte del patrimonio archivistico del fotografo.

Durante questi vent'anni Tazio Secchiaroli continuò a fotografare il cinema e i suoi maggiori protagonisti, seguendo con la stessa dedizione ogni lavoro per cui veniva incaricato a cominciare dalle tante collaborazioni con Federico Fellini, ma allo stesso tempo era sempre con Sophia Loren.

Era con lei su ogni set, in Italia e nel mondo, era con lei all'atelier Dior, dove era invitata a seguire défilé e scegliere abiti, era con lei negli studi RAI e ogni qualvolta rilasciava interviste, era con lei a Sèvres per il matrimonio con Carlo Ponti, era con lei a Ginevra mentre aspettava il suo primo figlio Carlo jr.: era la sua ombra.

Inevitabilmente un rapporto così forte non era solo professionale. Un insieme di complicità, fiducia, intesa, condivisione degli stessi attimi e delle stesse passioni: in una parola una profonda amicizia li legava.

Un'amicizia spontanea e istintiva, l'unica vera amicizia che possa esserci, ma che si sviluppò ed ebbe forza nella collaborazione professionale. Da questo nasce un rapporto privilegiato, che non escludeva altri fotografi, ma sicuramente non li coinvolgeva altrettanto e con altrettanta passione.

Si amalgamavano quindi con stima e amicizia reciproca, con un certo modo di vedere e affrontare la vita, una vita che per entrambi all'inizio non era stata facile, ma a cui tutti e due, per strade diverse, avevano fatto prendere il percorso che desideravano fino al fortunato incontro del 1963, per poi proseguire insieme.

Questo lo possiamo vedere dalle poche fotografie che li ritraggono insieme, d'altronde una macchina fotografica era sempre lì a dividere i loro sguardi, ad esempio sul set o mentre preparano un piatto di pasta: sempre l'uno cerca l'approvazione dell'altra e nello stesso tempo vi infonde fiducia e serenità, sempre i loro sguardi si cercano, comunicando senza parole, nella complicità più assoluta.

La forza comunicativa, questa intesa è alla base delle fotografie di Tazio Secchiaroli e le rende uniche e vive, non semplici ritratti, ma un filo di perle composto giorno dopo giorno, da un set all'altro, di anno in anno, scrivendo così un racconto visivo della vita di Sophia Loren unico e irripetibile: il racconto di un artista che racconta la vita di un altro.

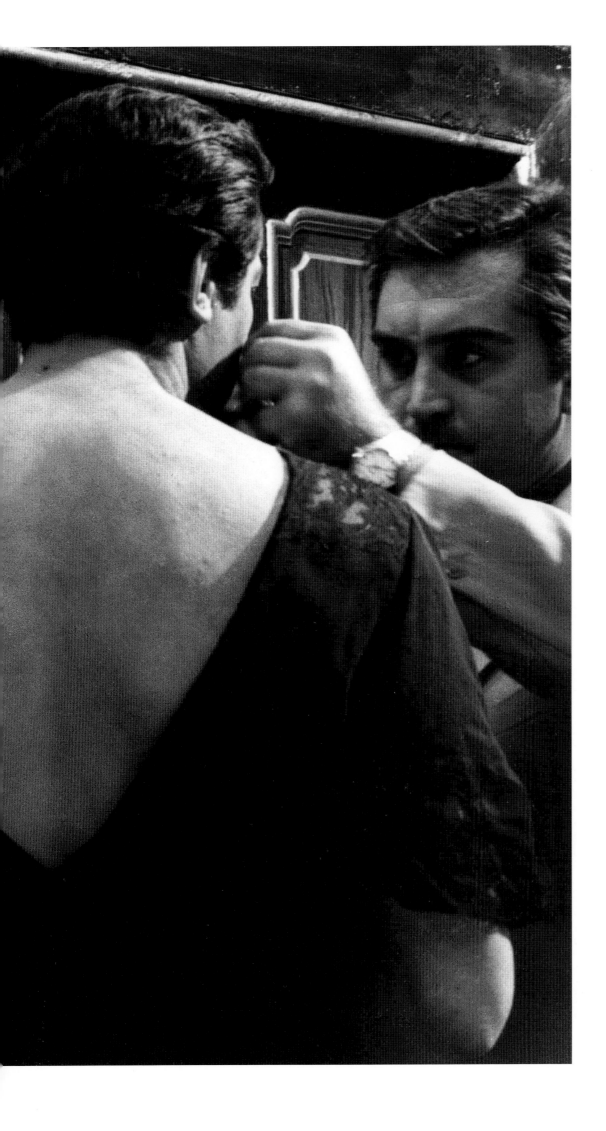

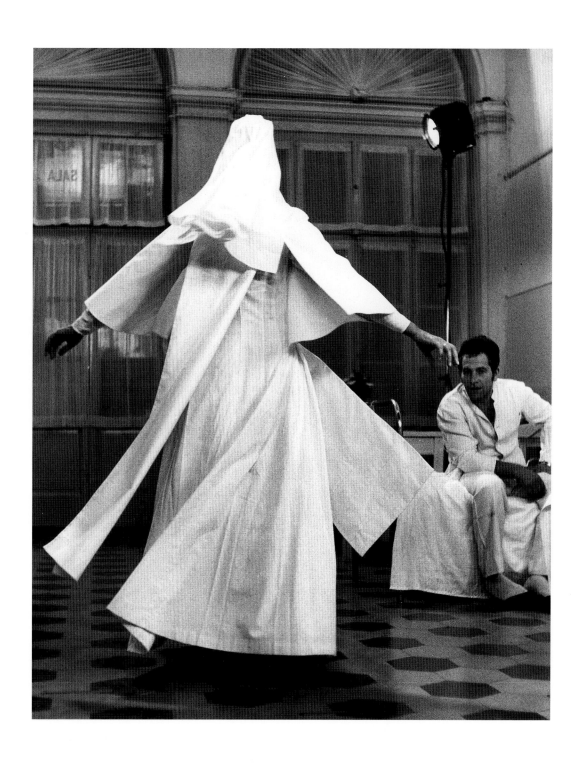

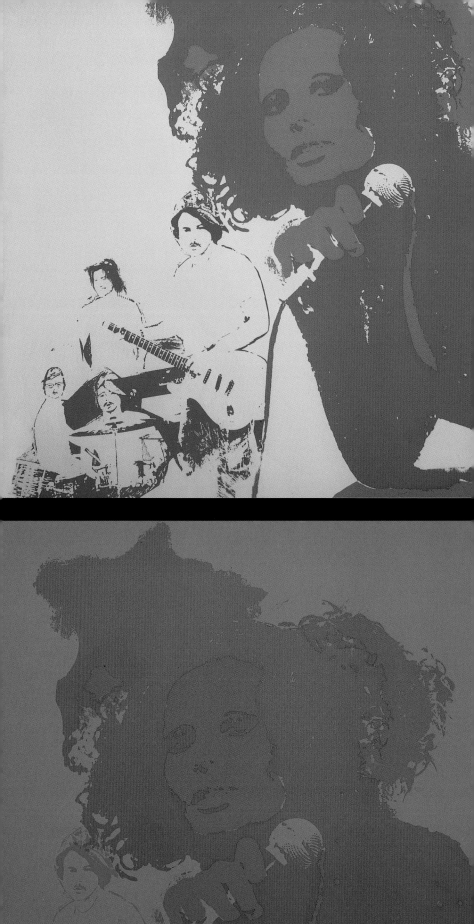

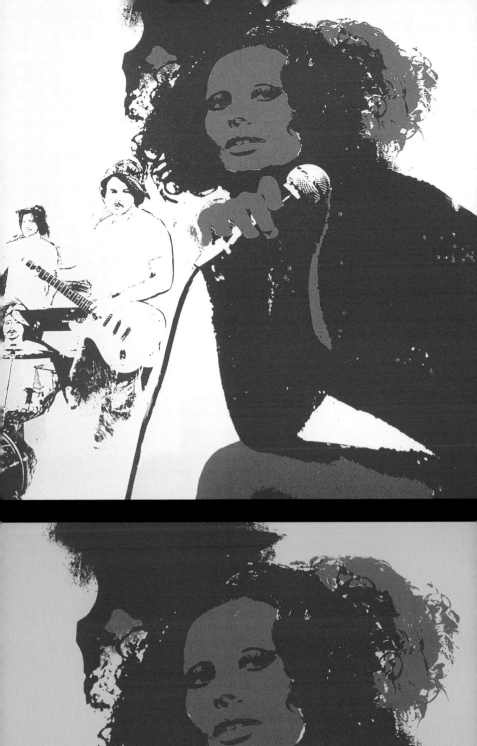

2
Ritratto sul set di Arabesque,
1966

6
Tazio Secchiaroli alla
Biennale del Cinema
di Venezia, 1961

9
Foto per ammiratori,
1975 circa

10
Foto per ammiratori,
1970 circa e 1965 circa

13
Con Cipì jr. e Edoardo,
1975 circa

14
Con Tazio Secchiaroli, 1978

17
Con Tazio Secchiaroli
in una pausa di Bianco
rosso e…, *foto di Claudio*
Patriarca, 1971

19
Con Paul Newman
in Lady L, *1965*

23
Con Vittorio De Sica,
Liz Taylor, Richard Burton,
in una pausa del film
Il viaggio, *1974*

24
Villa di Marino, in salotto
con Michelangelo Antonioni,
Carlo Ponti e Alberto
Moravia, 1968

27
Set di C'era una volta, *1967*

28-29
Con Carlo Ponti
in una pausa delle riprese di
Arabesque, *1966*

30
Con Carlo Ponti in una
pausa delle riprese di
Arabesque, *sul ponte*
di Cardiff, 1966

31
Con Carlo Ponti in una
pausa di Matrimonio
all'italiana, *1964*

32-33
Con De Sica durante le prove
di Matrimonio all'italiana,
1964

34
*Porge la mano a De Sica
per un baciamano, 1964*

35
*Con Vittorio De Sica
durante il provino di*
Matrimonio all'italiana,
1964

36
*Con Marcello Mastroianni,
1969*

37
*Con Marcello Mastroianni
in* Matrimonio all'italiana,
1964

38-39
*Marcello Mastroianni,
Sophia Loren e Tazio
Secchiaroli nello specchio,
set di* Matrimonio
all'italiana, *1964*

40-41
Durante alcune pause di
Matrimonio all'italiana,
1964

42
*Con Marcello Mastroianni
in una pausa di*
Matrimonio all'italiana,
1964

43
Set del film La contessa
di Hong Kong, *1967*

44
In una pausa di Judith,
1964

45
*Con Charlie Chaplin
durante le riprese del film*
La contessa di Hong Kong,
1967

46
*Con Charlie Chaplin
e Marlon Brando durante
le prove del film* La contessa
di Hong Kong, *1967*

47
Set di Bianco, rosso e…,
1972

48-49
Set di Matrimonio
all'italiana, *1964*

50-51
*Con Gregory Peck
in* Arabesque, *1966*

52
Set di Matrimonio
all'italiana, *1964*

53
*Roma, Eur, Palazzo della
Civiltà del Lavoro, 1964*

54
Senza data

55
Senza data

56
*In posa nello studio di
Richard Avedon, 1966*

57
1966

59
Senza data

60
Senza data

61
*Vista da Richard Avedon,
1966*

62-63
In una pausa di Arabesque,
1966

64
Set del film La contessa
di Hong Kong, *1967*

65
Senza data

66-67
Set di Matrimonio
all'italiana, *1964*

69
Set di C'era una volta, *1972*

70-71
In una pausa di Bianco,
rosso e…, *1972*

72
*Villa di Marino,
senza data*

73
Set di Bocca da fuoco, *1979*

74-75
Senza data

76
Pausa sul set di Matrimonio
all'italiana, *1964*
Pausa sul set di Arabesque,
1966

77
Cardiff, 1966

78
In Cassandra Crossing,
1976

79
Senza data

80-81
1970 circa

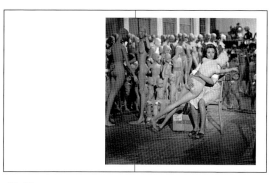

82-83
A Cinecittà, 1964

84-85
1972 circa

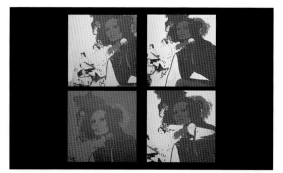

86-87
*Fotografie realizzate per
i manifesti della scenografia
del film* La moglie del prete,
1972

88-89
1972 circa

90-91
Senza data

92-93
Senza data

94
*Villa di Marino, esterno
notte, 1967 circa*

95
*Villa di Marino, a passeggio
nel parco con Carlo Ponti
e Cipì jr. in carrozzina,
1969*

96-97
Villa di Marino,
con la sorella, 1965 circa
Villa di Marino,
esterno giorno, 1965

98-99
Villa di Marino,
nel parco, pellicola infrarossi,
senza data

100
Villa di Marino, camera
da letto, senza data

101
Villa di Marino, sala
proiezione, senza data
Villa di Marino, senza data

102
In abito da Madonna
del Presepio in
Questi fantasmi, *1967*

103
Villa di Marino,
con Cipì jr., 1970 circa

104
Sala posa con Cipì jr.,
1972 circa

105
Con Cipì jr., 1969-1970

106
In sala posa con abito
Christian Dior, senza data
In sala posa, senza data

107
Senza data

108
Set del film La pupa
del gangster, 1975
Villa di Marino con
Marcello Mastroianni, 1970

109
Villa di Marino, senza data

110-111
Senza data

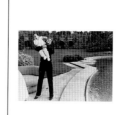

113
Con Cipì jr., 1969

114
Con una nipote, 1966 circa

115
Con Cipì jr., 1970 circa

116
*Villa di Marino,
con Cipì jr., 1971 circa*

117
*Con Cipì jr. sul set del film
L'uomo della Mancha,
1972*

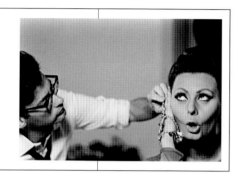

118-119
*Prova un orecchino per
il servizio di Avedon, 1966*

120-121
*Prova d'abito all'atelier
Christian Dior, senza data*

122
*Servizio di moda,
1965 circa*

123
*Nell'atelier di Christian Dior
con lo chef della Maison
Marc Bohal, senza data*

124-125
*Villa di Marino, in salotto,
senza data*

126-127
Mosca, Piazza Rossa, 1969

128
Set del film I girasoli, *1969* 129
Mosca, 1969

130
Marino, 1976 131
Mosca, Museo Puškin, 1969

133
Set del film Arabesque,
1966

134
Set del film Arabesque,
1966 135
*Prove al museo delle cere
di Madame Tussaud's, 1974*

136
*In sala di registrazione,
1974* 137
Studio RAI, 1974 circa

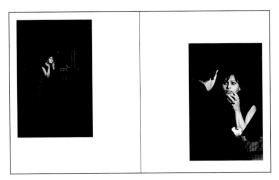  

138-139
*In sala di registrazione,
senza data*

141-143
*Con Gregory Peck in
Arabesque, 1966*

  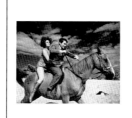 

144
Set del film Arabesque,
1966

145
Con Gregory Peck in
Arabesque, *1966*

146
Con Gregory Peck in
Arabesque, *1966*

147
Con Omar Sharif in
C'era una volta, *1967*

148-149
Set di Arabesque, *1966*

150-151
Set del film L'uomo
della Mancha, *1972*

 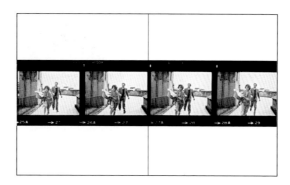 

152
Con Marcello Mastroianni
sul set del film La moglie
del prete, *1971*

153
Set del film La moglie
del prete, *1971*

154-155
Con Marcello Mastroianni
in Una giornata particolare,
1977

157
1980 circa